A Wonderland of Learning: Bilingual Italian-English Short Stories for Children

Coledown Bilingual Books

Published by Coledown Bilingual Books, 2023.

A WONDERLAND OF LEARNING: BILINGUAL ITALIAN-ENGLISH SHORT STORIES FOR CHILDREN

First edition. October 31, 2023.

ISBN: 979-8223395935

Written by Coledown Bilingual Books.

Table of Contents

Il Piccolo Elefante Curioso

Una volta c'era un piccolo elefante di nome Eli. Era un elefantino molto curioso e voleva scoprire il mondo. Un giorno, mentre camminava nella giungla con la sua mamma, vide delle farfalle colorate danzare tra i fiori. Eli era affascinato e voleva giocare con loro.

Ma le farfalle erano troppo veloci per lui. Decise di chiedere aiuto al saggio vecchio gufo della giungla. Il gufo gli disse: "Per catturare una farfalla, devi essere paziente e gentile."

Così, Eli si sedette tranquillamente accanto ai fiori e aspettò. Una farfalla si posò sulla sua proboscide, e lui la osservò con meraviglia. Gli altri animali della giungla lo videro e si unirono a lui per osservare le farfalle.

Da quel giorno, Eli e i suoi amici impararono che la pazienza e la gentilezza portano gioia e bellezza nella loro vita. E così, il piccolo elefante curioso imparò una lezione preziosa e divenne un elefante saggio e gentile, amato da tutti nella giungla. E ogni giorno, Eli e i suoi amici continuavano a godersi la bellezza del mondo insieme.

The Curious Little Elephant

Once upon a time, there was a little elephant named Eli. He was a very curious elephant and wanted to explore the world. One day, while walking in the jungle with his mother, he saw colorful butterflies dancing among the flowers. Eli was fascinated and wanted to play with them.

But the butterflies were too fast for him. He decided to seek help from the wise old owl of the jungle. The owl told him, "To catch a butterfly, you must be patient and gentle."

So, Eli sat quietly beside the flowers and waited. A butterfly landed on his trunk, and he watched it in wonder. Other jungle animals saw him and joined him to watch the butterflies.

From that day on, Eli and his friends learned that patience and gentleness bring joy and beauty into their lives. And so, the little curious elephant learned a valuable lesson and became a wise and kind elephant, loved by everyone in the jungle. And every day, Eli and his friends continued to enjoy the beauty of the world together.

La Piccola Lumachina

C'era una volta una piccola lumachina di nome Lisa. Viveva in un giardino incantato, tra fiori colorati e foglie verdi. Lisa era una lumachina molto curiosa, e un giorno decise di intraprendere un'avventura per esplorare il mondo al di là del suo giardino.

Un mattino, uscì dalla sua casa con una piccola valigia sulla schiena. Attraversò prati e boschi, saltò sopra i sassi e si arrampicò sulle pietre. Durante il suo viaggio, fece amicizia con una farfalla multicolore di nome Filippo e un uccellino cantante chiamato Chiaretto.

Insieme, Lisa, Filippo e Chiaretto esplorarono luoghi magici e conobbero creature straordinarie come fate, elfi e folletti. Ogni incontro portava con sé una lezione diversa. Dalla fatina impararono la gentilezza, dagli elfi la condivisione e dai folletti l'importanza di prendersi cura del loro ambiente.

Alla fine del loro viaggio, Lisa tornò a casa nel suo giardino, portando con sé non solo ricordi meravigliosi ma anche nuovi amici. Lisa capì che anche se era piccola, poteva fare cose straordinarie e che l'esplorazione e l'amicizia rendevano la vita ancora più speciale.

E così, la piccola lumachina esploratrice trascorse il resto dei suoi giorni nel suo giardino, raccontando storie delle sue avventure ai suoi amici lumache, ispirandoli a sognare e a esplorare il mondo.

The Little Snail

Once upon a time, there was a little snail named Lisa. She lived in an enchanted garden, among colorful flowers and green leaves. Lisa was a very curious snail, and one day, she decided to embark on an adventure to explore the world beyond her garden.

One morning, she left her home with a small suitcase on her back. She crossed meadows and forests, hopped over rocks, and climbed on stones. During her journey, she made friends with a colorful butterfly named Philip and a singing little bird named Rosy.

Together, Lisa, Philip, and Rosy explored magical places and met extraordinary creatures like fairies, elves, and gnomes. Each encounter brought a different lesson. From the fairy, they learned kindness; from the elves, the importance of sharing; and from the gnomes, the importance of taking care of their environment.

At the end of their journey, Lisa returned home to her garden, bringing not only wonderful memories but also new friends. Lisa realized that even though she was small, she could do extraordinary things and that exploration and friendship made life even more special.

And so, the little exploring snail spent the rest of her days in her garden, telling stories of her adventures to her snail friends, inspiring them to dream and explore the world.

Il Piccolo Orsetto e il Miele Magico

C'era una volta un piccolo orsetto di nome Oscar che viveva nella foresta. Oscar adorava il miele più di qualsiasi altra cosa al mondo. Ogni giorno, correva verso gli alveari e chiedeva gentilmente alle api se poteva avere un po' di miele. Le api, vedendo quanto fosse dolce e gentile Oscar, gli davano un cucchiaino di miele.

Un giorno, Oscar sentì parlare di un alveare speciale nascosto nella foresta. Si diceva che in questo alveare ci fosse il "Miele Magico," il miele più dolce e speciale di tutti. Oscar decise di partire per un'avventura alla ricerca del Miele Magico.

Durante il suo viaggio, Oscar incontrò amici come un coniglio saltellante di nome Carlitos e un gufo saggio chiamato Olivia. Insieme, attraversarono fiumi, arrampicarono su colline e superarono ostacoli, affrontando le sfide del viaggio.

Alla fine, trovarono l'alveare del Miele Magico, ma per ottenerne un po', dovevano risolvere un indovinello magico posto dalla Regina delle Api. L'indovinello era: "Qual è la cosa più dolce al mondo, ma non si può toccare o vedere?"

Dopo lunga riflessione, Oscar e i suoi amici capirono che la risposta era "l'amore." L'amore era la cosa più dolce al mondo, e non potevano toccarlo o vederlo, ma potevano sentirlo nel loro cuore.

La Regina delle Api fu felice della risposta e condivise con loro una generosa porzione del Miele Magico. Oscar e i suoi amici tornarono nella loro foresta, con il cuore pieno di dolcezza e amore, scoprendo che la cosa più preziosa al mondo è l'amore che si condivide con gli amici.

The Little Bear and the Magic Honey

Once upon a time, there was a little bear named Oscar who lived in the forest. Oscar loved honey more than anything in the world. Every day, he would run to the beehives and ask the bees if he could have a bit of honey. The bees, seeing how sweet and kind Oscar was, would give him a spoonful of honey.

One day, Oscar heard about a special beehive hidden in the forest. It was said to contain the "Magic Honey," the sweetest and most special honey of all. Oscar decided to embark on an adventure in search of the Magic Honey.

During his journey, Oscar met friends like a hopping rabbit named Carlitos and a wise owl named Olivia. Together, they crossed rivers, climbed hills, and overcame obstacles, facing the challenges of the journey.

In the end, they found the beehive of the Magic Honey, but to get some, they had to solve a magical riddle posed by the Queen of the Bees. The riddle was: "What is the sweetest thing in the world, but you can't touch or see it?"

After much thought, Oscar and his friends realized that the answer was "love." Love was the sweetest thing in the world, and they couldn't touch it or see it, but they could feel it in their hearts.

The Queen of the Bees was pleased with the answer and shared a generous portion of the Magic Honey with them. Oscar and his friends returned to their forest, with hearts full of sweetness and love, discovering that the most precious thing in the world is the love shared with friends.

Le Avventure della Piccola Luna

C'era una volta una piccola luna chiamata Luna che viveva nel cielo notturno. Luna era curiosa di esplorare il mondo, anche se era solo una luna piccola nel vasto universo. Una notte, Luna decise di scendere dal cielo e vedere cosa succedeva sulla Terra.

Mentre Luna scendeva lentamente, incontrò una stellina brillante di nome Stella. Stella aveva un bagliore speciale che poteva illuminare anche la notte più buia. Stella offrì a Luna la sua luce per illuminare il cammino sulla Terra.

Luna e Stella iniziarono il loro viaggio notturno insieme. Esplorarono boschi bui e silenziosi, incontrarono animali notturni come gufi e lucciole, e ascoltarono le storie delle stelle cadenti. Lungo il percorso, Luna imparò l'importanza dell'amicizia, della condivisione e della gentilezza.

Ma alla fine, Luna cominciò a sentirsi stanca. Era giunto il momento di tornare nel cielo. Stella la aiutò a risalire, e Luna si sentì grata per tutto ciò che aveva imparato e vissuto sulla Terra.

Tornata nel cielo, Luna brillava più intensamente che mai e condivideva le sue storie notturne con le altre stelle. Ogni notte, Luna e Stella brillavano insieme, illuminando il mondo e portando magia nelle notti scure.

The Adventures of the Little Moon

Once upon a time, there was a little moon named Luna who lived in the night sky. Luna was curious to explore the world, even though she was just a small moon in the vast universe. One night, Luna decided to descend from the sky and see what was happening on Earth.

As Luna descended slowly, she encountered a bright little star named Stella. Stella had a special glow that could illuminate even the darkest night. Stella offered Luna her light to illuminate the path on Earth.

Luna and Stella began their nighttime journey together. They explored dark and silent forests, met nocturnal animals like owls and fireflies, and listened to the stories of shooting stars. Along the way, Luna learned the importance of friendship, sharing, and kindness.

But in the end, Luna began to feel tired. It was time to return to the sky. Stella helped her ascend, and Luna felt grateful for everything she had learned and experienced on Earth.

Back in the sky, Luna shone more brightly than ever and shared her nighttime stories with the other stars. Every night, Luna and Stella shone together, illuminating the world and bringing magic to the dark nights.

Il Piccolo Pinguino Coraggioso

C'era una volta un piccolo pinguino di nome Paolo che viveva su una piccola isola nell'Artico. Paolo era diverso dagli altri pinguini. Aveva piume colorate invece del classico bianco e nero. A causa di ciò, alcuni degli altri pinguini lo deridevano.

Nonostante le risate e le battute, Paolo era un pinguino molto coraggioso e gentile. Un giorno, una tempesta colpì l'isola, causando confusione e disorientamento tra i pinguini. Paolo, nonostante le sue piume colorate, decise di aiutare gli altri a trovare un posto sicuro.

Guidò il gruppo attraverso la tormenta, dimostrando la sua determinazione e il suo coraggio. Riuscirono a raggiungere una grotta sicura, al riparo dalla tempesta. Gli altri pinguini si resero conto del coraggio di Paolo e si scusarono per averlo deriso.

Da quel giorno, Paolo divenne un eroe nell'isola e tutti i pinguini impararono a rispettarlo per la sua gentilezza e il suo coraggio. Le piume colorate di Paolo diventarono un simbolo di diversità e amicizia. L'isola divenne un luogo dove tutti erano accolti e rispettati, indipendentemente da come apparivano.

E così, il piccolo pinguino coraggioso dimostrò che la diversità è una cosa meravigliosa, e il coraggio e la gentilezza possono fare la differenza nel mondo.

The Brave Little Penguin

Once upon a time, there was a little penguin named Paolo who lived on a small island in the Arctic. Paolo was different from the other penguins. He had colorful feathers instead of the classic black and white. Because of this, some of the other penguins made fun of him.

Despite the laughter and teasing, Paolo was a very brave and kind penguin. One day, a storm hit the island, causing confusion and disorientation among the penguins. Paolo, despite his colorful feathers, decided to help the others find a safe place.

He led the group through the storm, demonstrating his determination and courage. They managed to reach a safe cave, sheltered from the storm. The other penguins realized Paolo's bravery and apologized for making fun of him.

From that day on, Paolo became a hero on the island, and all the penguins learned to respect him for his kindness and courage. Paolo's colorful feathers became a symbol of diversity and friendship. The island became a place where everyone was welcomed and respected, regardless of how they looked.

And so, the little brave penguin showed that diversity is a wonderful thing, and courage and kindness can make a difference in the world.

La Piccola Lumachina e l'Arcobaleno Magico

C'era una volta una piccola lumachina di nome Lucia che viveva in un giardino incantato. Lucia era una lumachina diversa dalle altre: il suo guscio era un caleidoscopio di colori brillanti. Mentre le altre lumachine avevano gusci semplici, il suo era come un piccolo arcobaleno ambulante.

Un giorno, mentre Lucia esplorava il giardino, trovò un piccolo sasso magico. Quando lo toccò, il sasso emise una luce scintillante e un arcobaleno comparve nel cielo sopra di lei. L'arcobaleno sembrava magico e misterioso, e Lucia decise di seguirlo.

L'arcobaleno la condusse in un mondo incantato fatto di colori e meraviglie. Lì, Lucia incontrò creature magiche come fate, unicorni e draghi gentili. Ogni creatura aveva un dono speciale legato ai colori dell'arcobaleno.

Lucia imparò a dipingere con gli elfi verdi, a ballare con le fate azzurre e a cantare canzoni allegre con gli uccelli gialli. Ogni giorno era una nuova avventura e una nuova scoperta. Ma Lucia sapeva che doveva tornare al suo giardino a un certo punto.

Quando decise di tornare a casa, le creature magiche le dissero addio e le diedero un piccolo ciondolo a forma di arcobaleno come ricordo. Tornata nel suo giardino, Lucia sapeva che la sua diversità e il suo spirito avventuroso erano doni speciali. Con il suo ciondolo arcobaleno al collo, ricordava sempre il magico mondo che aveva scoperto.

E così, Lucia condivise le sue storie con le altre lumachine nel giardino e insegnò loro che la diversità è una cosa preziosa e che ci sono mondi di meraviglie da scoprire se si ha il coraggio di seguire i propri sogni.

The Little Snail and the Magical Rainbow

Once upon a time, there was a little snail named Lucia who lived in an enchanted garden. Lucia was a snail different from the others: her shell was a kaleidoscope of bright colors. While the other snails had simple shells, hers was like a little walking rainbow.

One day, as Lucia was exploring the garden, she found a small magical stone. When she touched it, the stone emitted a sparkling light, and a rainbow appeared in the sky above her. The rainbow seemed magical and mysterious, and Lucia decided to follow it.

The rainbow led her to an enchanted world filled with colors and wonders. There, Lucia met magical creatures like fairies, unicorns, and gentle dragons. Each creature had a special gift tied to the colors of the rainbow.

Lucia learned to paint with the green elves, to dance with the blue fairies, and to sing joyful songs with the yellow birds. Every day was a new adventure and a new discovery. But Lucia knew that she had to return to her garden at some point.

When she decided to go back home, the magical creatures bid her farewell and gave her a little rainbow-shaped pendant as a memento. Back in her garden, Lucia knew that her diversity and adventurous spirit were special gifts. With her rainbow pendant around her neck, she always remembered the magical world she had discovered.

And so, Lucia shared her stories with the other snails in the garden and taught them that diversity is a precious thing and that there are worlds of wonders to explore if you have the courage to follow your dreams.

Le Avventure del Piccolo Orsetto Bruno

———

C'era una volta un piccolo orsetto di nome Bruno che viveva nella foresta. Bruno aveva un desiderio speciale: voleva vedere il mondo fuori dalla foresta. Ogni giorno, guardava oltre gli alberi e sognava di esplorare luoghi lontani.

Un giorno, Bruno decise che era finalmente pronto per partire. La sua mamma orsa gli diede una mappa della foresta e lo avvertì di stare al sicuro. Con il suo zaino leggero e un sorriso sul muso, Bruno si avventurò nella foresta.

Durante il suo viaggio, incontrò tanti amici animali come Scoiattolo Saltellante e Cervo Coraggioso. Insieme, attraversarono fiumi e scalavano colline, scoprendo tesori nascosti nel bosco e imparando lezioni preziose.

Una notte, mentre guardava le stelle, Bruno si rese conto di quanto amasse la sua casa nella foresta e quanto gli mancasse la sua mamma orsa. Decise che era tempo di tornare.

Tornato nella foresta, Bruno raccontò ai suoi amici le meravigliose avventure che aveva vissuto. Aveva capito che, anche se il mondo è grande e affascinante, la casa e la famiglia sono i tesori più preziosi di tutti.

E così, il piccolo orsetto Bruno visse felicemente nella sua foresta, con un cuore pieno di storie da condividere con gli amici e l'amore per la sua casa.

26

The Adventures of Little Bear Bruno

Once upon a time, there was a little bear named Bruno who lived in the forest. Bruno had a special wish: he wanted to see the world beyond the forest. Every day, he looked beyond the trees and dreamed of exploring faraway places.

One day, Bruno decided that he was finally ready to set out. His mother bear gave him a map of the forest and warned him to stay safe. With his light backpack and a smile on his face, Bruno ventured into the forest.

During his journey, he met many animal friends like Hopping Squirrel and Brave Deer. Together, they crossed rivers and climbed hills, discovering hidden treasures in the woods and learning valuable lessons.

One night, as he looked at the stars, Bruno realized how much he loved his home in the forest and how much he missed his mother bear. He decided it was time to return.

Back in the forest, Bruno shared with his friends the wonderful adventures he had experienced. He had come to understand that even though the world is vast and fascinating, home and family are the most precious treasures of all.

And so, the little bear Bruno lived happily in his forest, with a heart full of stories to share with friends and love for his home.

Il Piccolo Draghetto e il Tesoro Perduto

C'era una volta un piccolo draghetto di nome Dragoletto, che viveva in un mondo fantastico pieno di magia e avventure. Dragoletto era diverso dagli altri draghi: aveva un colore dorato brillante e le ali d'argento. Era curioso e desiderava scoprire il tesoro più grande del mondo, un segreto custodito nella sua terra magica.

Un giorno, mentre esplorava una grotta antica, Dragoletto scoprì un'enigmatica mappa del tesoro. La mappa lo condusse attraverso foreste incantate, vulcani infuocati e deserti senza fine. Durante il suo viaggio, Dragoletto fece amicizia con creature magiche come un folletto scherzoso di nome Flick e una fenice magnifica chiamata Flam.

Insieme, superarono ostacoli e risolsero indovinelli complicati per avvicinarsi sempre di più al tesoro. Ma mentre si avventuravano, Dragoletto si rese conto che il vero tesoro non era fatto di gioielli o monete, ma di amicizia, avventura e scoperta.

Alla fine del viaggio, Dragoletto trovò il luogo in cui il tesoro doveva trovarsi. Ma al suo interno, non c'erano monete d'oro o diamanti. Invece, c'erano oggetti speciali che rappresentavano i momenti felici che aveva vissuto e le amicizie che aveva fatto.

Dragoletto capì che il vero tesoro era tutto ciò che aveva sperimentato e condiviso con i suoi amici. Tornò nel suo mondo magico con il cuore colmo di gratitudine e amore per la bellezza dell'amicizia.

E così, il piccolo draghetto e i suoi amici continuarono a vivere avventure magiche insieme, con il ricordo che il vero tesoro della vita è la gioia di condividere momenti speciali con gli amici.

The Little Dragon and the Lost Treasure

Once upon a time, there was a little dragon named Dragoletto who lived in a fantastic world full of magic and adventures. Dragoletto was different from other dragons: he had a bright golden color and silver wings. He was curious and wished to discover the greatest treasure in the world, a secret hidden in his magical land.

One day, while exploring an ancient cave, Dragoletto discovered an enigmatic treasure map. The map led him through enchanted forests, fiery volcanoes, and endless deserts. During his journey, Dragoletto made friends with magical creatures like a mischievous elf named Flick and a magnificent phoenix called Flam.

Together, they overcame obstacles and solved complicated riddles to get closer to the treasure. But as they ventured, Dragoletto realized that the true treasure was not made of jewels or coins, but of friendship, adventure, and discovery.

At the end of the journey, Dragoletto found the place where the treasure was supposed to be. But inside, there were no gold coins or diamonds. Instead, there were special items representing the happy moments he had experienced and the friendships he had formed.

Dragoletto understood that the real treasure was everything he had gone through and shared with his friends. He returned to his magical world with a heart full of gratitude and love for the beauty of friendship.

And so, the little dragon and his friends continued to live magical adventures together, with the memory that the real treasure of life is the joy of sharing special moments with friends.

La Piccola Farfalla e l'Amicizia Incantata

C'era una volta una piccola farfalla di nome Fiorella che viveva in un bosco incantato. Fiorella era una farfalla vivace e curiosa, con ali iridescenti che brillavano come arcobaleni. Era conosciuta in tutto il bosco per il suo spirito giocoso e la sua gentilezza.

Un giorno, mentre volava tra i fiori del bosco, Fiorella sentì una melodia incantevole. Seguì la musica e arrivò in una radura dove vide un piccolo folletto musicista di nome Silvio. Silvio suonava un flauto magico che riempiva l'aria con note magiche.

Fiorella e Silvio diventarono subito amici e passarono giorni incantati insieme, ballando tra i fiori e ascoltando musica magica. Ogni volta che Silvio suonava il suo flauto, i fiori sbocciavano e gli alberi donavano frutti speciali.

Un giorno, Silvio scoprì che aveva perso il suo flauto magico. Era disperato e triste. Fiorella, con le ali luccicanti, decise di aiutarlo. Insieme, cercarono ovunque nel bosco, seguendo indizi magici. Lungo il cammino, incontrarono creature straordinarie come un coniglio parlante e una civetta saggia.

Dopo molte avventure e sfide, Fiorella e Silvio trovarono il flauto magico in una radura nascosta. La musica magica riempì il bosco ancora una volta, e tutti i suoi abitanti festeggiarono insieme.

Da quel giorno, Fiorella e Silvio continuarono a essere amici, e la loro amicizia portò magia e gioia a tutto il bosco incantato. Impararono che l'amicizia è un tesoro speciale che rende il mondo un posto più meraviglioso.

The Little Butterfly and the Enchanted Friendship

Once upon a time, there was a little butterfly named Fiorella who lived in an enchanted forest. Fiorella was a lively and curious butterfly, with iridescent wings that shone like rainbows. She was known throughout the forest for her playful spirit and kindness.

One day, while flying among the forest's flowers, Fiorella heard an enchanting melody. She followed the music and arrived in a clearing where she saw a little musician fairy named Silvio. Silvio played a magical flute that filled the air with magical notes.

Fiorella and Silvio immediately became friends and spent enchanted days together, dancing among the flowers and listening to magical music. Whenever Silvio played his flute, flowers bloomed, and trees bore special fruits.

One day, Silvio discovered that he had lost his magical flute. He was desperate and sad. Fiorella, with her sparkling wings, decided to help him. Together, they searched everywhere in the forest, following magical clues. Along the way, they encountered extraordinary creatures like a talking rabbit and a wise owl.

After many adventures and challenges, Fiorella and Silvio found the magical flute in a hidden clearing. The magical music filled the forest once again, and all its inhabitants celebrated together.

From that day on, Fiorella and Silvio continued to be friends, and their friendship brought magic and joy to the entire enchanted forest. They learned that friendship is a special treasure that makes the world a more wonderful place.

Il Piccolo Orsetto e il Mondo delle Stagioni

C'era una volta un piccolo orsetto di nome Oliver che viveva in una casetta nella foresta. Oliver era un orsetto molto curioso e amava esplorare il mondo che lo circondava. Ma c'era una cosa che lo affascinava più di ogni altra: le stagioni.

Ogni giorno, Oliver guardava fuori dalla finestra e osservava le trasformazioni che la natura subiva con il passare delle stagioni. Era affascinato dalla neve scintillante dell'inverno, dai fiori che sbocciavano in primavera, dal sole caldo dell'estate e dalle foglie cadenti dell'autunno.

Un giorno, mentre passeggiava nel bosco, Oliver scoprì una porta magica nascosta in un tronco d'albero. La porta lo condusse a un mondo straordinario, il Mondo delle Stagioni. In questo mondo magico, le stagioni avevano vita propria.

Incontrò personaggi affascinanti come Jack, l'elfo dell'inverno con un cappello di ghiaccio, e Lily, la fata della primavera con ali di petali di fiori. Ogni stagione aveva il suo regno magico e le sue meraviglie.

Oliver trascorse molto tempo esplorando il Mondo delle Stagioni e imparando dalle creature magiche che vi abitavano. Ogni stagione gli insegnò qualcosa di nuovo, come la pazienza dall'inverno, la crescita dalla primavera, la gioia dall'estate e la bellezza del cambiamento dall'autunno.

Un giorno, mentre tornava a casa attraverso la porta magica, Oliver si rese conto di quanto fosse fortunato a vivere in un mondo con tutte e quattro le stagioni. Ogni stagione aveva la sua bellezza unica, e lui le amava tutte.

Da quel giorno, Oliver apprezzò ancora di più la natura e le stagioni nella sua foresta. Ogni stagione era una nuova avventura, e lui sapeva che il mondo era un posto meraviglioso da esplorare.

The Little Bear and the World of Seasons

Once upon a time, there was a little bear named Oliver who lived in a cottage in the forest. Oliver was a very curious bear and loved to explore the world around him. But there was one thing that fascinated him more than anything: the seasons.

Every day, Oliver looked out of the window and observed the transformations that nature underwent as the seasons changed. He was captivated by the glistening snow of winter, the blooming flowers of spring, the warm summer sun, and the falling leaves of autumn.

One day, while walking in the forest, Oliver discovered a magical door hidden in a tree trunk. The door led him to an extraordinary world, the World of Seasons. In this magical world, the seasons had a life of their own.

He met fascinating characters like Jack, the winter elf with an ice hat, and Lily, the spring fairy with petal-like wings. Each season had its own magical realm and wonders.

Oliver spent a lot of time exploring the World of Seasons and learning from the magical creatures that lived there. Each season taught him something new, like patience from winter, growth from spring, joy from summer, and the beauty of change from autumn.

One day, as he returned home through the magical door, Oliver realized how fortunate he was to live in a world with all four seasons. Each season had its unique beauty, and he loved them all.

From that day on, Oliver appreciated nature and the seasons in his forest even more. Each season was a new adventure, and he knew that the world was a wonderful place to explore.

Le Avventure del Piccolo Elefantino

C'era una volta un piccolo elefantino di nome Elio, che viveva in una vasta giungla. Elio era un elefantino curioso e desiderava esplorare il mondo. Un giorno, mentre passeggiava nella giungla con la sua famiglia, vide una strada che portava fuori dalla giungla. Era una strada acciottolata, diversa da tutto ciò che aveva mai visto prima.

Elio chiese alla sua mamma se poteva seguire quella strada per scoprire cosa c'era fuori dalla giungla. La mamma elefante lo abbracciò dolcemente e gli disse di andare, ma di non allontanarsi troppo e di tornare a casa prima del tramonto.

Così, Elio iniziò il suo viaggio. Lungo la strada, incontrò un coniglietto saltellante che gli disse di seguire le tracce delle farfalle per raggiungere un posto speciale. Elio fece esattamente così e si diresse verso un prato fiorito, dove vide farfalle di tutti i colori che danzavano nell'aria.

Le farfalle raccontarono a Elio di un luogo magico chiamato "La Valle dei Colori," e gli dissero che doveva attraversare la foresta per arrivarci. Elio proseguì con entusiasmo, attraversando la foresta e incontrando amici come un gufo saggio e una scimmia giocherellona.

Arrivato alla Valle dei Colori, rimase senza parole. Era un luogo incantato dove ogni colore dell'arcobaleno prendeva vita. Lì, Elio danzò con farfalle luminose, nuotò in un fiume cristallino e si arrampicò su colline verdi.

Alla fine della giornata, Elio sapeva che era tempo di tornare a casa. Lasciò la Valle dei Colori con un cuore felice e ricco di avventure da condividere con la sua famiglia.

Tornato nella giungla, Elio raccontò le sue incredibili avventure. La sua mamma lo abbracciò e gli disse che il mondo era un luogo magico, ma che il vero tesoro era tornare a casa, dove c'era amore e sicurezza.

E così, il piccolo elefantino Elio imparò che l'avventura è meravigliosa, ma la famiglia è il luogo dove si trova il cuore.

The Adventures of the Little Elephant

Once upon a time, there was a little elephant named Eli, who lived in a vast jungle. Eli was a curious elephant and longed to explore the world. One day, while strolling through the jungle with his family, he saw a road leading out of the jungle. It was a paved road, unlike anything he had ever seen before.

Eli asked his mother if he could follow that road to discover what was beyond the jungle. His mother hugged him gently and told him to go, but not to wander too far and to return home before sunset.

So, Eli began his journey. Along the road, he met a hopping rabbit who told him to follow the tracks of butterflies to reach a special place. Eli did exactly that and headed towards a flowery meadow, where he saw butterflies of all colors dancing in the air.

The butterflies told Eli about a magical place called "The Valley of Colors," and they said he had to cross the forest to get there. Eli continued with excitement, crossing the forest and meeting friends like a wise owl and a playful monkey.

When he arrived at the Valley of Colors, he was speechless. It was an enchanted place where every color of the rainbow came to life. There, Eli danced with bright butterflies, swam in a crystal-clear river, and climbed green hills.

At the end of the day, Eli knew it was time to go home. He left the Valley of Colors with a happy heart and adventures to share with his family.

Back in the jungle, Eli told his incredible adventures. His mother hugged him and told him that the world was a magical place, but the real treasure was coming back home, where there was love and safety.

And so, the little elephant Eli learned that adventure is wonderful, but family is where the heart is.

Le Avventure del Piccolo Gattino Curioso

C'era una volta un piccolo gattino di nome Filippo. Filippo era un gattino molto curioso e desiderava esplorare il mondo. Ogni giorno, usciva di casa alla ricerca di nuove avventure.

Un giorno, mentre esplorava il giardino di casa, Filippo scoprì un piccolo buco nel recinto. Senza pensarci due volte, si infilò nel buco e si trovò in un mondo sconosciuto. Era una foresta magica popolata da animali parlanti.

Filippo fece amicizia con un coniglio saggio di nome Tobia e un uccellino canterino chiamato Alice. Insieme, affrontarono avventure emozionanti, come cercare il tesoro nascosto della foresta e aiutare un gufo smarrito a trovare la strada di casa.

Ma mentre esploravano la foresta, Filippo iniziò a sentire la nostalgia della sua casa e della sua famiglia. Sapeva che era arrivato il momento di tornare.

Tornato a casa attraverso il buco nel recinto, Filippo raccontò le sue incredibili avventure alla sua famiglia. La sua mamma lo abbracciò dolcemente e gli disse che la casa era il posto migliore, ma che l'avventura era preziosa.

E così, il piccolo gattino Filippo imparò che c'è un mondo di meraviglie là fuori, ma nulla può sostituire il calore della famiglia e il comfort di casa.

The Adventures of the Curious Little Kitten

Once upon a time, there was a little kitten named Filippo. Filippo was a very curious kitten and longed to explore the world. Every day, he would venture out of the house in search of new adventures.

One day, while exploring the backyard, Filippo discovered a small hole in the fence. Without a second thought, he squeezed through the hole and found himself in an unknown world. It was a magical forest inhabited by talking animals.

Filippo made friends with a wise rabbit named Tobia and a little singing bird called Alice. Together, they embarked on exciting adventures, like searching for the hidden treasure of the forest and helping a lost owl find its way back home.

But as they explored the forest, Filippo began to feel homesick for his family and his home. He knew it was time to return.

Back at home through the hole in the fence, Filippo shared his incredible adventures with his family. His mother hugged him gently and told him that home was the best place, but that adventure was precious.

And so, the little kitten Filippo learned that there is a world of wonders out there, but nothing can replace the warmth of family and the comfort of home.

Le Avventure della Piccola Volpe Rossa

C'era una volta una piccola volpe di nome Rosy. Rosy era una volpe rossa vivace che viveva in una foresta incantata. Era conosciuta in tutta la foresta per il suo spirito avventuroso e la sua curiosità.

Un giorno, mentre Rosy esplorava la foresta, si imbatté in una strada di mattoni gialli. La strada sembrava portare in un luogo misterioso. Senza esitazione, Rosy decise di seguirne il percorso.

Camminando lungo la strada, Rosy incontrò nuovi amici come un simpatico gufo che sapeva sempre le risposte alle domande più difficili e una lepre veloce che amava correre attraverso i prati.

La strada di mattoni gialli la portò in un regno incantato fatto di dolciumi e caramelle. Lì, incontrò una strega gentile che aveva bisogno di aiuto per preparare una pozione magica. Rosy si offrì volontaria e, con l'aiuto dei suoi nuovi amici, riuscì a preparare la pozione.

La strega ringraziò Rosy e le disse che poteva chiedere un desiderio in cambio. Rosy, tuttavia, desiderava solo tornare alla sua foresta, alla sua casa e alla sua famiglia. La strega usò la sua magia per farla tornare indietro.

Tornata nella sua foresta, Rosy raccontò le sue avventure alla sua famiglia e ai suoi amici animali. Sebbene il mondo incantato fosse affascinante, Rosy sapeva che il suo vero tesoro era la sua casa e le persone a cui voleva bene.

The Adventures of Little Red Fox

———

Once upon a time, there was a little fox named Rosy. Rosy was a lively red fox who lived in an enchanted forest. She was known throughout the forest for her adventurous spirit and curiosity.

One day, while Rosy was exploring the forest, she came across a yellow brick road. The road seemed to lead to a mysterious place. Without hesitation, Rosy decided to follow its path.

Walking along the road, Rosy met new friends, like a friendly owl who always knew the answers to the trickiest questions and a swift hare who loved to race through the meadows.

The yellow brick road led her to an enchanted realm made of sweets and candies. There, she met a kind witch who needed help preparing a magical potion. Rosy volunteered, and with the help of her new friends, she managed to prepare the potion.

The witch thanked Rosy and told her she could make a wish in return. However, Rosy only wished to go back to her forest, her home, and her family. The witch used her magic to send her back.

Back in her forest, Rosy shared her adventures with her family and animal friends. Although the enchanted world was fascinating, Rosy knew that her true treasure was her home and the people she loved.

Le Avventure del Piccolo Coniglio Curioso

C'era una volta un piccolo coniglio di nome Luca. Luca viveva in un grazioso boschetto, ma era noto per essere il coniglio più curioso di tutta la foresta. Ogni giorno, si chiedeva cosa ci fosse al di là degli alberi e desiderava esplorare il mondo.

Un giorno, mentre saltellava tra i fiori, vide una luce brillante provenire da un sentiero segreto. Il sentiero lo condusse a una vecchia libreria incantata, piena di libri magici. Luca era affascinato dalla prospettiva di avventure che potevano essere trovate tra le pagine dei libri.

Iniziò a leggere e si immerse in mondi fantastici, incontrando draghi, fate, e folletti. Ogni libro lo trasportava in un luogo diverso e gli insegnava lezioni preziose. Luca apprese l'importanza dell'amicizia, della gentilezza e del coraggio dalle storie che leggeva.

Mentre si perdeva tra i libri, Luca conobbe una piccola farfalla di nome Sofia, che divenne la sua migliore amica. Insieme, condivisero avventure nei libri e nella foresta. Ogni giorno, si sfidavano a trovare il libro più affascinante.

Un giorno, Luca e Sofia trovarono un libro magico che li trasportò in un mondo straordinario fatto di cieli stellati e regali incantati. Lì, impararono che la cosa più preziosa che si poteva desiderare era la gioia di condividere avventure con gli amici.

E così, il piccolo coniglio Luca e la farfalla Sofia vissero felici, con i cuori pieni di storie e il calore dell'amicizia.

54

The Adventures of the Curious Little Rabbit

Once upon a time, there was a little rabbit named Luca. Luca lived in a charming grove but was known for being the most curious rabbit in the entire forest. Every day, he wondered what lay beyond the trees and longed to explore the world.

One day, as he hopped among the flowers, he saw a bright light coming from a hidden path. The path led him to an enchanted old bookstore filled with magical books. Luca was fascinated by the prospect of adventures to be found within the pages of the books.

He began reading and immersed himself in fantastical worlds, meeting dragons, fairies, and goblins. Each book transported him to a different place and taught him valuable lessons. Luca learned the importance of friendship, kindness, and courage from the stories he read.

As he got lost in the books, Luca met a little butterfly named Sofia, who became his best friend. Together, they shared adventures in the books and in the forest. Every day, they challenged each other to find the most captivating book.

One day, Luca and Sofia found a magical book that transported them to an extraordinary world filled with starry skies and enchanted gifts. There, they learned that the most precious thing one could wish for was the joy of sharing adventures with friends.

And so, the little rabbit Luca and the butterfly Sofia lived happily, with hearts full of stories and the warmth of friendship.

56